Die Schönheit der Natur durch alle Jahreszeiten

W0339895

Frühlingsblüten, Herbstmond,
Sommerbrise, Winterschnee –
für einen von unnötigen Gedanken
freien Geist ist jede
Jahreszeit willkommen.
Mumon Ekai

Der Zauber der vier Jahreszeiten

Rosa Blütenkonfetti und fröhliches Vogelgezwitscher, laue Sommerabende und duftende Wildblumenwiesen, leuchtende Wälder und bunte Kürbisse, pastellfarbene Sonnenuntergänge und schneebedeckte Felder ...

Jede Jahreszeit ist wunderschön und schenkt uns einzigartige Momente. Dieser Aufsteller begleitet dich durch das ganze Jahr und erinnert dich daran, wie kostbar die kleinen Augenblicke sind.

Lass dich vom Zauber der Natur inspirieren und genieße jede Jahreszeit!

Will dir den Frühling zeigen,
der hundert Wunder hat.

Rainer Maria Rilke

Was ich dir wünsche

Fotos und Texte
von Heidi und Hannes Bräunlich

GROH

Es gibt einen alten Brauch, Wünsche aufzuschreiben
und sie einem fließenden Wasser anzuvertrauen,
in der Hoffnung, dass der Fluss diese Wünsche weiterträgt.

Unsere Wünsche übergeben wir
der schwimmenden Nussschale mit dem Licht.
Wir hoffen, dass die Wünsche ankommen,
dass sie zum Nachdenken und vielleicht zum Schmunzeln anregen
und mancher Wunsch in Erfüllung geht.

Dieses Bild ist

Sinnbild für beides:

Rückblick auf vergangene Erlebnisse

und *Ausblick* auf zukünftige.

Der heutige Tag ist ein guter Anlass
nicht nur für Rückblicke, sondern auch für
Ausblicke in einen neuen Lebensabschnitt.

Und dass du dich
aus dieser Geborgenheit heraus
neugierig und *mutig*
ins „feindliche Leben“ wagst.

Was ich
dir wünsche:

Ein *Heim,*
das dir *Schutz*
bietet vor den
Stürmen
des Lebens.

Wenn du so wärst, wie ich sein möchte,
wärst du dann in Ordnung?

Bei wichtigen

Entscheidungen

in Beruf und Familie

wünsche ich dir:

Stehvermögen,

Weitblick, Gelassenheit,

eine unkonventionelle,

legere Haltung und eine

überzeugende Ausstrahlung

auf deine Umgebung.

Ich wünsche dir,
dass du solch eine Enttäuschung
mit *Gelassenheit*
und *Humor* hinnimmst.

Nicht immer hält das angestrebte Ziel,

was es verspricht.

Liebe ist gemeinsame Freude
an der wechselseitigen Unvollkommenheit.

Ludwig Börne

Dass dein Leben mit deinem
Partner oder deinen Freunden
in steter Harmonie und
ungetrübter Gemeinsamkeit
so wie bei diesen
Schwänen verläuft,
das wage ich dir nicht zu wünschen.

Aber dass ihr viele schöne Stunden
miteinander verbringt, es euch nie langweilig wird,
ihr immer wieder neue Seiten an euch entdeckt
und nach einem Streit die Versöhnung nicht vergesst,
das wünsche ich dir.

Ich wünsche dir viele Glücksmomente
und dass du sie wieder loslassen kannst,
wenn auch mit leiser Wehmut.

Das *Glück* ist

wie eine *Seifenblase:*

Je mehr du versuchst, sie festzuhalten,

desto schneller zerplatzt sie.

Die Menschen,
denen wir eine Stütze sind,
die geben uns Halt.

Marie von Ebner-Eschenbach

Ich wünsche dir *offene Augen* und *zupackende Hände,*
wenn andere deine Hilfe brauchen. Aber auch Menschen,
die dir zur Seite stehen, wenn du es nötig hast.

Ich wünsche dir,

dass du dich nicht verschließt, damit deine

verborgenen Schätze

ans Tageslicht gelangen können.

Nur wenn ich mich *öffne*, kann das,
was in mir ist, voll zur *Entfaltung* kommen.

Freude ist Lebensenergie.

Freude ist Nahrung für die Seele.

Gönne sie dir, es kann nie genug davon geben.

Ich wünsche dir
Augenblicke,
in denen du
deiner **Freude**
lautstark Ausdruck
verleihen möchtest
und auch kannst,
so dass es
von den Bergen
widerhallt.

Dass du damit ohne Groll leben kannst
und dir die Hoffnung nicht nehmen lässt,
dass man mit Liebe und Fantasie
neue Brücken zum Anderen schlagen kann,
das wünsche ich dir.

Nicht immer steht es in deiner Macht,
abgebrochene Brücken wieder aufzubauen.

Die Freiheit des Menschen liegt nicht darin,
dass er tun kann, was er will,
sondern dass er nicht tun muss,
was er nicht will.

Jean-Jacques Rousseau

Auch wenn deine

äußere Freiheit

eingeschränkt ist,

wünsche ich dir,

dass du dir deine

innere Freiheit

stets bewahren kannst.

Auch das ist Kunst,
ist Gottes Gabe,
aus ein paar sonnenhellen Tagen
sich so viel Licht ins Herz zu tragen,
dass, wenn der Sommer längst verweht,
das Leuchten immer noch besteht.

Goethe

Ich wünsche dir,
dass du an Herbsttagen
wie diesen die warmen
Strahlen der Sonne
und die Leuchtkraft
der Farben mit allen
Sinnen aufnimmst.
Die Erinnerung daran
kann dir trübe Tage
erhellen.

Nur die Stille
vertraut uns
das Geheimnis des Lebens an.

Thomas Romanus

Ich wünsche dir, dass du in der Betriebsamkeit des Alltags
nicht vergisst, dass es Orte der Stille gibt,
und du für dich solch einen Platz findest.

Jedes Hindernis
birgt die Möglichkeit,
neue Kräfte in dir
zu befreien.

Ich wünsche dir, dass du auch an Steinen,
die dir in den Weg gelegt werden, wächst.

Jedes Werden in der Natur, im Menschen,
in der Liebe muss abwarten, geduldig sein,
bis seine Zeit zum Blühen kommt.

Dietrich Bonhoeffer

Ich wünsche dir die *Lebenskraft* dieser Blume,
die sich von Kälte, Eis und Schnee nicht unterkriegen lässt
und zu ihrer Zeit blüht.

Der Weg ist das Ziel.

Konfuzius

Ich wünsche dir
für deinen Weg

viele sonnige Stunden,

wenig graue Tage, interessante Begegnungen
und schöne Ausblicke.

Dass auch du den Stürmen
deines Lebens standhältst
und durch sie deine eigene

unverwechselbare Schönheit
und Originalität

erhältst, das wünsche ich dir.

Sandstürme, Hitze und Kälte

haben diesen Stein zu einem *Kunstwerk* geformt.

Nicht immer,
aber ab und zu
wünsche ich dir
sanfte, erfrischende
„Regen-Küsse“,
nicht nur unter
der Dusche.

Jeder Regentropfen

ist ein Kuss vom Himmel.

Friedensreich Hundertwasser

Es gibt Reichtümer, an denen man zugrunde geht,
wenn man sie nicht mit anderen teilen kann.

Michael Ende

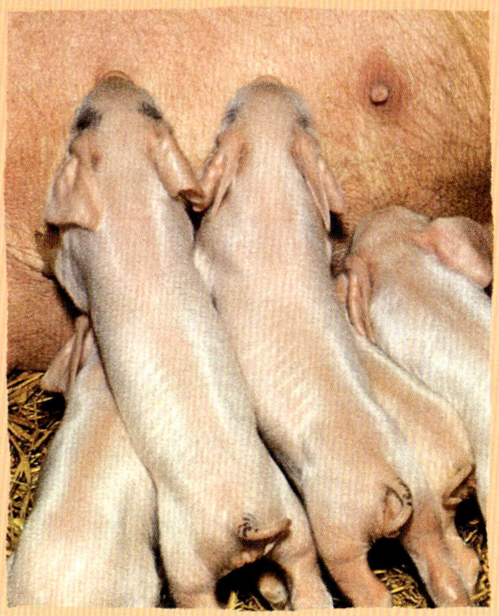

Ich wünsche dir,
dass dir immer bewusst ist,
dass du nicht alleine
auf der Welt bist, dass du anderen
neidlos ihren Anteil zugestehen kannst
und dass du selbst in deinem Leben
das bekommst, was du brauchst.

Unser Leben

ist die Geschichte

unserer Begegnungen.

Anton Kner

Ich wünsche dir

gute Begegnungen,

sei es nur für

ein paar Worte oder für

ein intensives Gespräch

über Freud und Leid.

Etwas vom Duft bleibt immer an der Hand,
die Rosen schenkt.

aus China

Nimm dir Zeit, den Duft der Rose zu genießen.
Zeit ist das Kostbarste, was du zur Verfügung hast.
Darum nimm dir Zeit, den Duft der Rose zu genießen.
Dies ist mein Wunsch für dich.

Wollen wir
in Frieden leben,
muss der Friede
aus uns selbst kommen.

Jean-Jacques Rousseau

Ich wünsche dir,

dass es dir
ab und zu gelingt,
für dich und andere
zum Friedensengel
zu werden.

Das Lächeln, das du aussendest,
kehrt zu dir zurück.

aus Indien

Dass du nur lachend
durchs Leben gehst,
das wünsche ich dir nicht.

Aber dass dein Lebensgefühl
von Heiterkeit und Frohsinn
bestimmt ist und du dies auch ausstrahlst,
das wünsche ich dir.

Dass es dir immer wieder gelingt,
beides in deinem Leben zu verbinden,
das wünsche ich dir.

Alt und *Neu*,
hier funktioniert
das eine nicht
ohne das andere.

Aber dass du nach aufregenden,

stürmischen Fahrten einen ruhigen Hafen findest,

ab und zu auch mit einem

schönen Sonnenuntergang,

das wünsche ich dir.

Dass dein *Lebensschifflein* immer
in romantischer Stimmung im ruhigen Wasser liegt,
das wünsche ich dir nicht.

Auch aus hartem Gestein
drängt blühendes Leben sich,
geduldig, stetig wachsend, zum Licht.

Helga Rowald

Ich wünsche dir

die *Lebensenergie* dieser kleinen Blume.

Das Höchste,
was man erreichen
kann, ist das
Gleichgewicht
zwischen *Wagnis*
und *Verzicht*.

Zenta Maurina

Ich wünsche dir,
dass du auch
in unmöglichen Lebenslagen
die Balance halten kannst.

Ich wünsche dir,
dass du bei aller Vielfalt
und dem Lärm, der täglich auf dich einströmt,
dein Augenmerk immer wieder auf das Leise,
Unscheinbare richtest.
Es wird zu deiner Ent-Faltung beitragen.

Die Parteien
streiten sich
und im Wald
entrollt sich
ein Farn.

aus China

Ein Schwan ist ein Schwan ist ein Schwan.
Ein Mensch ist ein Mensch ist ein Mensch.

Wenn man das könnte!
Verantwortungsvoll
wie dieser Schwan
seinen Nachwuchs
im Auge behalten,

zugleich, auf einem Bein stehend,
sich ausruhen und entspannen, dabei auch noch
Souveränität, Eleganz und Schönheit ausstrahlen.
Wäre das ein Wunsch für dich?

Bäume sind Spiegelbilder
unserer Seele.

Ich wünsche dir,

dass du Wind
und Wetter standhältst
wie dieser alte
Olivenbaum
und wie er deine
eigene Schönheit
und dein
unverwechselbares
Profil erhältst.

Aber dass dein

Lebensgefühl

von gesundem *Selbstbewusstsein*

bestimmt ist,

das ist mein Wunsch für dich.

Dass du
mit dem
Imponiergehabe
eines Pfaus
durch die
Gegend stolzierst,
das wünsche
ich dir nicht.

sondern

deine eigene Richtung

suchst und findest.

Ich wünsche dir,
dass du dich nicht nur auf vorgegebenen
eingefahrenen Spuren bewegst,

Tanzen
ist gelebte Freude.

Im täglichen Einerlei
wünsche ich dir
kleine Auszeiten,
die dir
Lebensfreude
und
neuen Schwung
geben.

Froh zu sein bedarf es wenig,
und wer froh ist,
der ist König.

Dass es dir oft gelingt, deine Probleme
aus der Vogelperspektive zu betrachten
und froh dein Lied zu singen, das wünsche ich dir.

All das
wünsche ich auch dir,
besonders für
Durststrecken
auf deinem Lebensweg.

Auf dem langen, beschwerlichen Weg
zur nächsten Oase sind *Mut, Kraft, Ausdauer*
und zuverlässige Gefährten nötig.

Aber dass du dich nicht
aus der Verantwortung stiehlst
und wenn nötig auch
unbequeme Dinge sagst,
das wünsche ich dir.

„Alles hört auf mein Kommando!“
Dass du dir diesen Satz zu Eigen machst,
das wünsche ich dir nicht.

Es ist besser, ein Licht anzuzünden,
als über die Finsternis zu klagen.

aus China

Überall in der Welt werden Kerzen
als Symbol der Hoffnung angezündet.
Ich wünsche dir, dass auch für dich
Lichter der Hoffnung
und Zuversicht brennen.

Ich wünsche dir Freude
auf der *Entdeckungsreise*
zu den kleinen
unscheinbaren Dingen.

Auch an kalten
Wintertagen
kannst du manche
versteckte
Schönheit
finden.

Dass du das Staunen darüber
nicht verlierst,
das wünsche ich dir.

Jedes Jahr
geschieht
dieses *Wunder.*
Nach Schnee
und Eis bricht
neues Leben
hervor.

Dass der Weg,
der vor dir liegt,
deine Kräfte
nicht überfordert,
Sonne und Schatten
sich abwechseln
und deine Mühe
durch schöne Aussicht
belohnt wird,
das wünsche ich dir.

Die Landschaft erobert man
mit den Schuhsohlen,
nicht mit den Autoreifen.

Georges Duhamel

Geheimnisse gehören
zur Würze des Lebens.
Dass es in deinem Leben
genügend Geheimnisse gibt
und du ab und zu auch eines lüftest,
das wünsche ich dir.

Warum und wie
die Menschen
vor Zeiten
solche Dolmen
errichtet haben,
bleibt
ein Geheimnis.

Dass dich die *Brücke* hinüberführt
von dem „Alter der Jugend"
in die „Jugend des Alters".

Ich wünsche dir *Mut*,

dass du trotz Schwindelgefühl

auch *schwankende Brücken* betrittst

und dass sie dich

zu *neuen Ufern* bringen.

Wer sich gedulden kann,
hat sein Ziel schon halb erreicht.

aus Belgien

Nicht immer ist das *Schneckentempo* angebracht,
jedoch in unserer schnelllebigen, hektischen Zeit
wünsche ich dir ab und zu die Eigenschaften der Schnecke,
die *unbeirrt* und *ruhig* ihre Bahn zieht.

Wasser – es ist nicht nur so,
dass man dich zum Leben braucht –
du selbst bist Leben!

Antoine de Saint-Exupéry

Ich wünsche dir, dass die *Quelle,*
aus der du schöpfst, nie versiegt.

Altwerden ist
wie auf einen Berg steigen.
Je höher man kommt,
desto mehr Kräfte sind verbraucht,
aber umso weiter sieht man.

Ingmar Bergman

Ich wünsche dir viele schöne *Gipfelerlebnisse*

und weite Sicht.

Dass dir ab und zu jemand so etwas sagt,
und du es *von Herzen* erwidern kannst,
das ist mein Wunsch.

Ich möchte dir am liebsten
eine Wagenladung voller *Blumen* schenken,
weil ich mich freue, dass es dich gibt.

Die ganze
Mannigfaltigkeit,
der ganze Reiz und
die ganze Schönheit des Lebens setzen sich
aus Licht und Schatten
zusammen.

Tolstoi

Dass dein Leben seinen Reiz und seine Schönheit
aus dem Wechsel von Licht und Schatten erhält,
das ist mein Wunsch für dich.

Nur Reisen ist Leben,
wie umgekehrt Leben Reisen ist.

Jean Paul

Auch wenn dir
diese Art des Reisens
nicht entsprechen sollte,
wünsche ich dir doch
für lange, beschwerliche
Wegstrecken
Ausdauer und
treue Gefährten,
auf die du dich
verlassen kannst.

Dass du jeweils
den *passenden Schlüssel* findest,
das wünsche ich dir.

Nicht nur

Türen,

sondern auch

Herzen

können

verschlossen

sein.

Aber dass du
trotz *äußerlicher* Veränderung
deinem *inneren* Wesen treu bleibst,

das wünsche ich dir.

Dass du im Auf und Ab der Zeiten Moos ansetzt
wie diese Steine an der irischen Küste,
das wünsche ich dir nicht.

Jedes Gespräch
ist ein Fenster
in die Seele des anderen.

Herbert Madinger

Ich wünsche dir,

dass du für gute,
intensive Gespräche
stets den richtigen
Partner und die
nötige Ruhe findest,
wenn es sein muss,
auch in
schwindelerregender
Höhe.

Freude ist gespürtes Leben.

Michael Horatczuk

Ich wünsche dir

immer wieder eine
Portion *Leichtigkeit*
und *Lebensfreude,*
die dich beschwingt
und lebendig erhält.

Die Dankbarkeit
ist eine Gabe,
die das Glück erst
vollkommen macht.

Günter Goepfert

Nicht jeden Tag
wirst du
drei besondere
Blüten finden,
wie diesen Türkenbund.
Aber dass du täglich
drei Gründe
zum Danken findest,
das ist mein Wunsch
für dich.

und die Erkenntnis,

dass du jederzeit auch

Dampf ablassen

kannst.

Ich wünsche dir
genügend *Kraft*
und *Energie*
für die vor dir
liegende
Wegstrecke ...

Du bist einzigartig –
vergiss es nie.

Ich wünsche dir,
dass du
dir deiner *Würde*
immer bewusst bist
und stets selbst
bestimmen kannst,
wie viel du
von dir preisgibst.

Ich wünsche euch aber

Mut zu gemeinsamen

außergewöhnlichen Unternehmungen.

Dass ihr euch
ständig gegenseitig
auf die Palme
bringt,
das wünsche ich
euch nicht.

Vier Dinge kommen nicht zurück:
Das gesprochene Wort,
der abgeschossene Pfeil, das vergangene Leben
und die versäumte Gelegenheit.

Ich wünsche dir, dass du auch solche Türen öffnest,
die scheinbar ins Leere führen. Es können sich dir
ganz neue, ungeahnte Erkenntnisse erschließen.

Nicht nur für

schwierige Zeiten

wünsche ich dir

die *Stärke*

und *Lebenskraft* dieses Baumes.

Dieser Baum hat viele Stürme überlebt. Nur wenn du fest verwurzelt bist, kannst du dich so weit wie möglich beugen, ohne umzufallen oder zu zerbrechen.

Aber dass du auch im Alter noch
auf die Berge kommst
wie dieser betagte Lastwagen im Hindukusch,
das wünsche ich dir.

Dass du ein Leben lang wie ein schneller Flitzer
mühelos jede Steigung nimmst und alle abhängst,
das wünsche ich dir nicht.

Ich wünsche dir *Begegnungen,*
bei denen du diese Erfahrung machst.

Es ist ein Wunder,
geliebt zu werden
und zu lieben.

Kurt Marti

Dass du

die *Veränderungen*

in deinem Leben annehmen kannst,

das wünsche ich dir.

Alles im Leben
ist Veränderung.
Während sich
die Blüte
entblättert,
beginnt
die Frucht
zu reifen.

Ich hoffe,

dass du zu deinen *Falten,*

Rissen und *Sprüngen*

im Inneren und Äußeren

stehen kannst.

Stell dir das *Bild ohne Risse* vor:

Erst durch sie ist es interessant und schön.

und wie diese Kerze

Licht und Wärme verbreitest.

Ich wünsche dir, dass du dich auch
in schwierigen Lebenslagen getragen fühlst …

Ich lebe mein Leben in wachsenden Ringen,
die sich über die Dinge ziehn.
Ich werde den letzten vielleicht nicht vollbringen,
aber versuchen will ich ihn.

Rainer Maria Rilke

Das bunte,
unregelmäßige Muster
der Jahresringe
zeugt von einem
bewegten Leben.
Dass dein Leben
so farbenfroh und
abwechslungsreich ist
und mit kleinen
Sprüngen und
Fehlern doch zu
einem harmonischen
Ganzen gerät,
das wünsche ich dir.

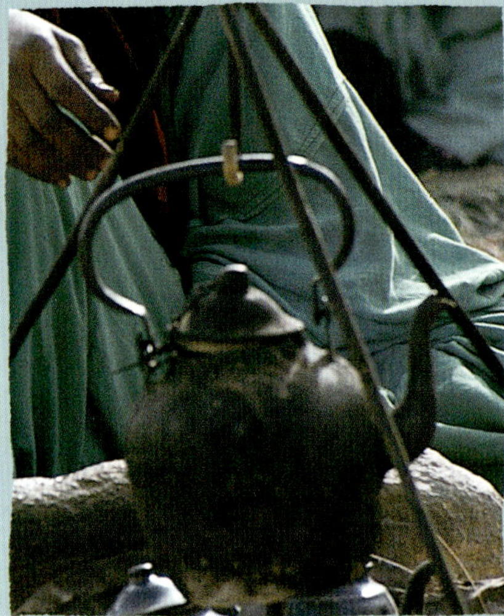

Es ist schön, als Gast
willkommen zu sein,
aber auch selbst Gäste
willkommen zu heißen.

Dass du beides immer wieder erlebst,
das wünsche ich dir.

Diese Beduinenfrau
hält stets
eine Kanne Tee
für unerwartete
Gäste bereit.

Verborgene Schönheiten

warten darauf, von dir entdeckt zu werden.
Ich wünsche dir
offene Augen dafür.

Entdecken heißt finden,
was man nicht gesucht hat.

Thomas Romanus

Dass die kommende
Zeit für dich
abwechslungsreich
und interessant wird
und deine Wegstrecke
auch über blühende
Wiesen führt,
das wünsche ich dir.

Möge dein Weg dir
freundlich entgegenkommen,
Wind dir den Rücken stärken,
Sonnenschein deinem Gesicht
viel Glanz und Wärme geben.

aus Irland

Ruhe bringt Gleichgewicht und Leichtigkeit,
Gleichgewicht und Leichtigkeit bringen
inneren Frieden und Gelassenheit.

Tschuang-tse

Die Hektik des Alltags
hinter sich lassen,
zur Ruhe kommen,
zu sich finden –
dass dir dies mehr
und mehr gelingt,
wo immer du auch bist,
dies ist mein
Wunsch für dich.

Dass du dir die Genügsamkeit
des Kamels zu eigen machst,
wage ich nicht zu wünschen.

Aber dass du dich an kalten Wintertagen
über einen warmen Platz in der Sonne
und an heißen Sommertagen über einen
lauschigen Platz im Schatten freuen kannst,
das wünsche ich dir.

Wegen seiner Eigenschaften gilt das Kamel
als Sinnbild der Genügsamkeit.

Ich wünsche dir,

dass es dir gelingt,
den Dingen
auf den *Grund*
zu schauen.

Nicht immer verrät das Äußere,
welchen Inhalt es birgt.

Dass du achtsam
und unbeirrt
diese *verschlungenen Wege* gehst
und dabei zu *deiner Mitte* findest,
das ist mein Wunsch für dich.

Das *Labyrinth* ist ein uraltes Symbol
für unseren *Lebensweg.*

Ich wünsche dir,
dass du etwas von dieser
Weihnachtsfreude verspürst.

Das Geheimnis der

Christrose

liegt darin, dass sie
mitten im Winter blüht.
Ihr Name erinnert
an ein Ereignis, das
wir noch heute feiern.

In der Hektik unserer Tage
wünsche ich dir
immer wieder Zeiten,
in denen du zur *Stille*
und *Besinnung* findest.

In einem Kloster
in der Wüste
ruft diese Glocke
die Mönche
mehrmals am Tag
zu Gebet
und Andacht.

Oft kommt das Glück
durch eine Tür herein,
von der man gar nicht wusste,
dass man sie offen gelassen hat.

John Barrymore

Ich wünsche dir,
dass du deine Tür
offen hältst für Menschen,
die dich brauchen,
aber dass auch du stets
eine offene Tür findest.

Für wen wohl blühen die Blumen
im Frühling, wenn nicht für dich.

Hsüeh-ton Tschung-hsien

Ich wünsche dir, dass nach grauen Wintertagen
die warme Frühlingssonne neue Lebensfreude
in dir weckt und du mit allen Sinnen
das Erwachen in der Natur wahrnimmst.

Wir sind dann frei,
wenn wir gelernt haben,
mit den Gegebenheiten zu leben.

Karl Odermatt

Ich wünsche dir, dass du auch
bei eingeschränktem Bewegungsradius
deine Würde und Vitalität nicht verlierst.

Es gibt Träume, die in Erfüllung gehen,
und solche, die man begraben muss,
damit sie ewig leben.

Zenta Maurina

Dieses Bild soll deine Fantasie beflügeln
und dich zum Träumen anregen. Ich wünsche dir,
dass einige deiner Träume in Erfüllung gehen.

Wirklich gute Freunde
sind Menschen, die uns
ganz genau kennen
und trotzdem zu uns halten.

Marie von Ebner-Eschenbach

Ich wünsche dir Freunde, die mit dir
an einem Strang ziehen und nicht nur bei Erfolg,
sondern auch bei Misserfolg zu dir stehen.

Dass ihr Klang Gutes verkündet
und du voller Hoffnung
in die Zukunft gehen kannst,
das wünsche ich dir.

Auch
kleine
Glocken
können
große
Ereignisse
einläuten.

Es kommt darauf an,
dass du auf etwas zugehst,
nicht dass du ankommst.

Antoine de Saint-Exupéry

Ich wünsche dir,

dass du in deinem Leben
immer wieder klare
Orientierungspunkte
am Horizont erblickst.

Dies ist ein Tag, der nach Aufbruch riecht.

Brigitte Heidebrecht

Morgenstimmungen

wie diese sind oft
mit Urlaubserinnerungen
verknüpft.

Ich wünsche dir, dass die Strahlen
der aufgehenden Sonne dich auch
in deinem Alltag erreichen und du
mit Schwung und Elan den Tag beginnst.

Ich flog mit dem Wind um die Wette,
über alles hinweg, allem davon,
doch mir selber entkam ich nicht.

Monika Brauner

Dass du dich mit der Erde fest verbunden
und gleichzeitig frei fühlst wie ein Vogel im Flug,
das ist mein Wunsch für dich.

Lerne warten, denn entweder ändern sich die Dinge oder dein Herz.

Michael Sailer

Nicht immer,
aber ab und zu
wünsche ich dir die Fähigkeit des Esels,

der sich auch bei längeren Wartezeiten
nicht aus der Ruhe bringen lässt.

Ich wünsche dir,
dass die Quelle,
aus der du schöpfst,
nie versiegt.

Brunnen sind
Stationen auf dem Weg
zur Quelle.

Thomas Romanus

Dass du dies spürst und dir ab und zu
solch ein *Erlebnis* gönnst,
das wünsche ich dir.

Die aufgehende *Sonne* war für unsere Urahnen ein unerklärliches Mysterium. Auch heute hat ein Sonnenaufgang nichts von dieser *Faszination* verloren.

Ich wünsche dir
den Mut
und die Neugier
dieser Beduinenfrau,
die sich Fremdem
und Unbekanntem
nicht verschließt
und offen ist
für unerwartete
Begegnungen.

Schon wegen der Neugier
ist das Leben lebenswert.

jüdisches Sprichwort

Fröhlichkeit ist die Sonne,
die alles zum Blühen bringt.

Herbert Madinger

Für dunkle Stunden
wünsche ich dir

die Eigenschaften
der *Sonnenblume,*
die ihr Gesicht
dem Licht zuwendet,
damit die Schatten
hinter sie fallen.

Dass dein Weg durch interessante Landschaften führt,
dich auftretende Hindernisse nicht entmutigen und du
immer wieder Blumen und schöne Rastplätze
am Ufer findest.

Meine Wünsche
für dich
verbinde ich
mit diesem
Gebirgsbach:

Nicht müde werden,
sondern dem Wunder
leise wie einem Vogel
die Hand hinhalten.

Hilde Domin

Ich wünsche dir
die Fähigkeit,
kleine Dinge
im Leben
wahrzunehmen
und dich darüber
zu freuen.

Dass dich diese Weisheit durch den längsten Winter
und die dunkelste Nacht trägt, das wünsche ich dir.

In jedem Winter steckt ein zitternder Frühling,
und hinter dem Schleier jeder Nacht
verbirgt sich ein lächelnder Morgen.

Khalil Gibran

Das stolze
Selbstbewusstsein
des Hahnes.

Das *dicke Fell*
des Elefanten.

Ich wünsche dir nicht immer, aber ab und zu:

Die *Neugier* der Ziege.

Ich wünsche dir,
dass du, wenn es darauf ankommt,
wie ein Fels in der Brandung stehst.

Der Friede der Welt
muss in unserem Herzen
den Ursprung nehmen.

Reinhold Schneider

Mit der Friedenstaube
grüße ich dich
und wünsche dir,
dass *Glück* und *Segen*
dich begleiten
und *Friede*
in und mit dir sei.

Bewahre sie gut,
sie können dir
dunkle Stunden
aufhellen.

Augenblicke
wie dieser
sind kostbar.

Dass du diese
unterschiedlichen
Anforderungen
auf die Reihe bringst und dabei
dein inneres und äußeres *Gleichgewicht* bewahrst,
das wünsche ich dir.

Es gibt Dinge,
die man
tun muss,
und solche,
die man
tun möchte.

Zwischen zu früh und zu spät
liegt immer nur ein Augenblick.

Franz Werfel

Ich wünsche dir
genügend *Zeit,* damit du
deine Entscheidungen
in Ruhe treffen kannst –
wenn es sein muss
auch noch fünf Minuten
vor zwölf.

Hoffentlich gehen auch dir

nach geduldigem *Warten*

ein paar *Leckerbissen*

ins Netz.

Ich wünsche dir den *Fleiß*, die *Ausdauer* und das *Geschick* der Spinne, wenn sie ihr Kunstwerk knüpft.

Heut ist mir alles herrlich,
wenn´s nur bliebe!

Goethe

Für Zeiten,
in denen dich
das alltägliche Einerlei
niederdrückt,
wünsche ich dir
das Gefühl des
Gleitschirmfliegers,
wenn er
die Erdenschwere
unter sich lässt.

Ich wünsche dir
immer wieder solche Erfahrungen,
nicht nur mit Blumen.

Eine Blume

mit *Liebe*

betrachtet

lässt einen Teil

ihrer *Schönheit*

in mir zurück.

Dass du dich nicht nur
auf deinen ersten Eindruck verlässt,
sondern dir die Mühe machst,
hinter die Fassaden zu schauen,
das wünsche ich dir.

Auch hinter alten,
brüchigen Mauern
kann *Fröhlichkeit*
zu Hause sein.

Harmonie bedeutet nicht Gleichklang,
sondern Zusammenklang.

Thomas Romanus

Ich wünsche dir,

dass in dir die *verschiedensten Töne*

zum Klingen kommen:

hohe und tiefe, laute und leise, schrille und sanfte –

– und dass du immer im *Einklang* mit ihnen bist.

Der Blick nach draußen
erweitert den Horizont.

Auch wenn du dich
in deinen vier Wänden
„sauwohl" fühlst,
so wünsche ich dir doch,
dass du mehr als nur
einen neugierigen Blick
nach draußen riskierst.

Dass du beides leben kannst,
das wünsche ich dir.

Leben wie ein Baum, einzeln und frei,
geschwisterlich unter den Bäumen des Waldes.

Nazim Hikmet

Erlebnisse wie dieses sind kostbar.

Bewahre sie gut, sie können dir dunkle Stunden erhellen.

Trinkt, o Augen, was die Wimper hält,
von dem gold'nen Überfluss der Welt!

Gottfried Keller

Ich wünsche dir,
dass aus dem
Zusammensein
mit anderen
schöne und
interessante
Gedichte werden.

Einzeln sind wir Worte,
zusammen ein Gedicht.

Georg Bydlinski

Dass dich diese Hoffnung
auch in schwierigen Zeiten trägt,
das wünsche ich dir.

Aus Altem,
scheinbar
Abgestorbenem
kann
neues Leben
hervorbrechen.

Ich wünsche dir
immer wieder solche
Licht-Blicke.

Manchmal geschieht es, dass nicht nur der Himmel,
sondern auch wir *ganz erfüllt* sind von diesem Licht.

Dass du dies wagst und dabei
die *Orientierung* nicht verlierst,
das wünsche ich dir.

Es gehört eine Portion *Neugier* und *Mut* dazu,
sich in unbekanntes Gebiet zu begeben.

und dass man unnützen Ballast

abwerfen kann.

Ich wünsche dir,

dass du die Dinge
geduldig trägst,
die dir auferlegt sind,
aber auch die Erkenntnis,
dass du nicht
alles tragen musst,
was dir andere aufbürden,

Frühling, ja du bist´s! Dich hab ich vernommen!

Eduard Mörike

Diese *Blumen* läuten sanft
den Frühling ein.
Auch wenn unser Ohr
diese Töne nicht vernehmen kann,
wünsche ich dir doch,
dass sie in dir zum Klingen kommen.

Die Freude am Kleinen
ist die schwerste Freude.
Es gehört ein großes Herz dazu.

Goethe

Ich wünsche dir,
dass du auch
die kleinen und
unscheinbaren
Dinge im Leben
bewusst wahrnimmst
und dich darüber
freuen kannst.

Um zueinander zu kommen,
bedarf es geöffneter Türen.

Ich wünsche dir,
dass du auch
in der Fremde
offene Türen
findest
und Menschen,
die dich freundlich
aufnehmen.

Dass du auch

schwierige Passagen

mit „An-Mut" überwindest,

das wünsche ich dir.

Das *Leben* ist ein *Drahtseilakt.*

Wenn du dich von düsteren Wolken eingehüllt fühlst,
wünsche ich dir frischen Wind, der klare Sicht schafft
und deinen Kopf frei macht für gute, neue Gedanken.

Ich wünsche dir gute Freunde,
die mit dir gerne unterwegs sind –
– es muss ja nicht gleich
bis ans Ende der Welt sein.

Selbst der strengste Winter hat Angst vor dem Frühling.
Johann Wolfgang von Goethe

Idee und Konzept: GROH Verlag. Das Werk einschließlich seiner Teile ist urheberrechtlich geschützt. Jede Verwertung außerhalb der engen Grenzen des Urheberrechtsgesetzes ist ohne Zustimmung des Verlages unzulässig und strafbar. Das gilt insbesondere für Kopien, Einspeicherung und Verarbeitung in elektronischen Systemen.

Textnachweis: Wir danken allen Autoren bzw. deren Erben, die uns freundlicherweise die Erlaubnis zum Abdruck von Texten erteilt haben.

Bildnachweis: Cover: stock.adobe.com/sirintra (Foto), stock.adobe.com/natali333 (Illustrationen); Innenteil: Fotos: S. 2: Jenny Dettrick/Moment/Getty Images, S. 4: borchee/E+/Getty Images, S. 5: Kostiantyn/Shutterstock.com, S. 7: Nicole Katharina Schober/EyeEm/Getty Images, S. 9: Perry Wunderlich/EyeEm/Getty Images, S. 10: stock.adobe.com/ekaeka, S. 13: Oksana Schmidt/Moment/Getty Images, S. 15: stock.adobe.com/freebird7977, S. 16: icemanphotos/Shutterstock.com, S. 19: Szilveszter Novak/Shutterstock.com, S. 21: Andres Ruggeri/EyeEm/Getty Images, S. 22: C T Aylward/Moment/Getty Images, S. 25: thethomsn/Moment/Getty Images, S. 27: AL Hedderly/Moment/Getty Images, S. 28: Olivia Bell Photography/Moment Open/Getty Images, S. 31: stock.adobe.com/nataba, S. 32: stock.adobe.com/monkographic, S. 35: stock.adobe.com/Oran Tantapakul, S. 36: Schon/Moment/Getty Images, S. 39: Anton Petrus/Moment/Getty Images, S. 41: Titipong Chumsung/Shutterstock.com, S. 43: Bogdan Sonjachnyj/Shutterstock.com, S. 44: SusanWoodImages/E+/Getty Images, S. 46: Ervin-Edward/Shutterstock.com, S. 49: thethomsn/Moment/Getty Images, S. 51: Ervin-Edward/Shutterstock.com, S. 52: polinaloves/Shutterstock.com, S. 55: Chase Dekker Wild-Life Images/Moment/Getty Images, S. 57: Chelsea Victoria/EyeEm/Getty Images, S. 58: Roberto Moiola/Moment/Getty Images, S. 61: stock.adobe.com/Kotangens, S. 63: stock.adobe.com/ekaeka, S. 65: Bradley Grove/Moment/Getty Images, S. 66: Bernd Friedel/EyeEm/Getty Images, S. 68: ANON MUENPROM/Shutterstock.com, S. 71: Alex Ratson/Moment/Getty Images, S. 72: Hoang Viet Nguyen/500px Plus/Getty Images, S. 75: Francesco Vaninetti Photo/Moment/Getty Images, S. 77: polinaloves/Shutterstock.com, S. 79: Jane Petrova/Shutterstock.com, S. 80: Feel good studio/Shutterstock.com, S. 83: Helaine Weide/Moment/Getty Images, S. 84: Vibrant Image Studio/Shutterstock.com, S. 87: lavin photography/E+/Getty Images, S. 88: PavelKant/Shutterstock.com, S. 91: Georgi Donev/500px/Getty Images, S. 92: stock.adobe.com/Ivan Kmit, S. 95: Алексей Облов/Moment/Getty Images, S. 96: Vicki Jauron, Babylon and Beyond Photography/Moment/Getty Images, S. 99: Steffen Egly/Moment/Getty Images, S. 100: Tatsiana Volskaya/Moment/Getty Images, S. 103: Olena Lemon/Shutterstock.com, S. 105: Helaine Weide/Moment/Getty Images, S. 107: tree newbee/Moment/Getty Images, S. 109: Betsie Van der Meer/Stone/Getty Images, S. 110: Christina Reichl Photography/Moment/Getty Images, S. 113: biletskiyevgeniy.com/Shutterstock.com, S. 114: George Lepp/Corbis Documentary/Getty Images, S. 117: stock.adobe.com/Nickolay Khoroshkov, S. 118: stock.adobe.com/Ingo Bartussek, S. 120: doliux/Shutterstock.com, S. 121: Cavan Images/Getty Images, S. 122: Chris Winsor/Moment/Getty Images, S. 125: stock.adobe.com/to35ke75, S. 127: Scott Stevens/500px/Getty Images, S. 128: Pierluigi Palazzi/EyeEm/Getty Images, S. 131: Dace Znotina/EyeEm/Getty Images, S. 133: oxygen/Moment/Getty Images, S. 135: Debra Anderson/Shutterstock.com, S. 136: Alena Ozerova/Shutterstock.com, S. 139: TorriPhoto/Moment/Getty Images, S. 140: Olha Sydorenko/Shutterstock.com, S. 143: VICUSCHKA/Moment/Getty Images, Illustrationen: stock.adobe.com/natali333, Mashikomo/Shutterstock.com (Mandelblüten).

Layout und Satz: Petra Schmidt Grafik Design
Gesamtherstellung: Gesamtherstellung: Levent Ofset, Istanbul

Aus Verantwortung für die Umwelt hat sich die Verlagsgruppe Droemer Knaur zu einer nachhaltigen Buchproduktion verpflichtet.
Der bewusste Umgang mit unseren Ressourcen, der Schutz unseres Klimas und der Natur gehören zu unseren obersten Unternehmenszielen.
Gemeinsam mit unseren Partnern und Lieferanten setzen wir uns für eine klimaneutrale Buchproduktion ein,
die den Erwerb von Klimazertifikaten zur Kompensation des CO_2-Ausstoßes einschließt.

Weitere Informationen finden Sie unter: www.klimaneutralerverlag.de

Die Schönheit der Natur durch alle Jahreszeiten
GTIN 978-3-8485-0138-0
© 2023 Groh Verlag. Ein Imprint der Verlagsgruppe Droemer Knaur GmbH & Co. KG, München
www.geschenkverlage.de

MIX
From responsible sources
FSC
www.fsc.org
FSC® C043979

1 2 3 4 5